Holland

© Uitgeverij Bekking, Amersfoort 1992
© Kaart pagina 5: Cart. Inst. Wolters-Noordhoff, Groningen
Zesde druk 1992
ISBN 90 6109 2817 NUGI 675

Hendrik Stoorvogel

Holland

Bekking Amersfoort

Holland

'Een volk dat leeft bouwt aan zijn toe-komst.' Het staat te lezen op het monument dat de plaats markeert waar in 1932 het laatste gat in de Afsluitdijk werd gedicht, de dijk die de Zuiderzee afsloot en daarmee Nederland weer een overwinning deed behalen op de zee, de erfvijand van eeuwen.
Nederland - of Holland, want onder die naam is het in het buitenland beter bekend - heeft, wilde het als volk aan zijn toekomst bouwen, vanaf de vroegste tijden het water moeten bevechten. Reeds uit de vroegste tijden zijn er sporen te vinden van dijk-bouw. Een zeer groot gedeelte van Nederland ligt dan ook onder de zeespiegel; soms zeer diep, zoals een polder bij Rotterdam, die met 6,6 meter onder de zeespiegel het diepste punt van Nederland is. Het zou echter verkeerd zijn te veronderstellen dat heel Nederland een plat vlak is. Het heeft ook heuvels. Evenmin bestaat heel Nederland uit weiden. Het heeft nog dertien procent bos bijvoorbeeld. En om nu meteen maar nog een paar sprookjes uit de wereld te helpen: op klompen lopen nog maar zeer weinig mensen in Nederland, de windmolens draaien nog, maar er zijn er stukken minder dan wordt voorgespiegeld, de bloem-bollenvelden bloeien niet eeuwig en Hansje Brinker, het jongetje, dat met zijn vingertje in de dijk het land van de ondergang behoedde, heeft nooit bestaan. Puur fantasie. De werkelijkheid is echter mooier dan de fantasie. Want Holland bestáát, mét zijn klompen, mét zijn bollenvelden, mét zijn schat aan overblijfselen uit een rijke historie, met statige patriciërshuizen aan een dromerige gracht in de hoofdstad Amsterdam, met een in het groen verscholen boer-derijtje ergens in de provincie, met zijn weidse rivieren, zijn wereldhavens, zijn mensen van allerlei slag, dynamisch, vrijheids-lievend, cultuurrijk. De werkelijkheid van elke dag is mooier dan de folder-fantasie.
Nederland heeft zo'n kleine vijftien miljoen inwoners, die leven op ongeveer 34.200 km² en toch nog ruimte hebben om te fietsen, met 6.000.000 auto's te rijden, in alle rust te land en te water te recreëren, te leven. Vijftien miljoen Nederlanders, die over de hele wereld naam hebben gemaakt. Gunstig soms, vaak ook ongunstig. De schilders van de gouden eeuw, Rembrandt en zijn tijdgenoten, waren tot ver over de lands-grenzen bekend, de slavenhandelaren ook. Vijftien miljoen die door de buitenlanders vaak bewonderd werden, maar ook fel be-kritiseerd. Om maar eens een Engelse am-bassadeur uit de zeventiende eeuw te cite-ren, Sir William Temple: 'Holland is een land, waar de Aarde beter is dan de Lucht, en Winst meer aanzien geniet dan Eer, waar meer Verstand dan Geest te vinden is, meer goed Humeur dan goede Humor, en meer Rijkdom dan Plezier, waar men liever zou willen Reizen dan Leven, waar meer dingen zijn om in Acht te nemen dan om te Begeren, en meer Eerbiedwaardige dan Be-minnelijke mensen.'
Sindsdien is de Nederlander veranderd en met hem zijn land. Nog is de aarde beter dan de lucht, de aarde die voor mens en dier voortreffelijke voedingsgewassen ople-vert. Hoe zouden anders de Hollandse boter en de kaas wereldberoemd hebben kunnen worden en de Nederlandse bloem-bollen? Over de beroemde tulpen uit Am-sterdam gesproken, waarvan de export in de vele miljoenen guldens loopt: ze komen eigenlijk uit Turkije. In de zestiende eeuw werden ze in Holland ingevoerd. Toen wer-den er fantastische bedragen voor een tul-pebol neergeteld. Er gaat zelfs het verhaal dat aan het einde van de zeventiende eeuw een huis in het Noordhollandse stadje Hoorn werd verkocht voor drie tulpebol-len. Ook in de Tweede Wereldoorlog wer-den er fantastische bedragen voor een tul-pebol neergeteld, vanwege zijn voedings-waarde.
Winst geniet nog steeds aanzien, evenals in Sir William Temples tijd. Te ontkennen dat de Hollanders een neringdoend volkje zijn met toch misschien wel iets te veel van gruttersmentaliteit zou de waarheid te kort doen zijn. Reeds vroeg in de geschiedenis hebben zij alle zeeën bevaren, met verre streken als Japan en China handel gevoerd, en al handelend een koloniaal rijk gescha-pen, waarvan dan nu misschien niets meer over mag zijn, maar waarvan de sporen nog overal te vinden zijn. Tot in de talen van de landen waarmee handel werd ge-dreven toe. Het Russisch kent verscheidene woorden - vooral op nautisch gebied - die rechtstreeks uit het Nederlands zijn over-genomen. En zelfs in het Japans komt men Nederlandse woorden tegen, zoals tarappo, dat trap betekent. Die gloriejaren uit de geschiedenis zijn voorbij. Het neemt niet weg dat de nering de Hollander in het bloed is blijven zitten.
Dat de Hollander echter de winst boven de eer zou laten gelden is zeker niet waar als het gaat om de eer aan het opperwezen. Slechts 32 procent is niet bij een kerk-genootschap aangesloten. 36 procent is ka-tholiek, 18 procent is Nederlands Her-vormd, 8 procent is gereformeerd. Daar-naast is er nog een breed scala van kleinere kerkgenootschappen waarbij de rest is aan-gesloten.
Een ding kan de overbeschaafde Sir Wil-liam Temple de Nederlanders zeker niet meer verwijten: dat ze gebrek aan cultuur zouden hebben. De Hollandse meesters: Je-roen Bosch, Rembrandt, Vermeer, Potter, Van Gogh, Mondriaan, Breitner, Karel Appel en vele anderen, zijn wereld-beroemd.
Daarnaast zijn er meer dan driehonderd musea waar de cultuurschatten van het eerste begin tot nu toe worden bewaard. En vormen de ongeveer duizend molens die Nederland nog kent niet elk een museum op zich? Een Nederlands landschap is im-mers niet meer in te denken zonder molens. Ooit hebben er in Nederland een tienduizend molens gestaan, die hielpen in de strijd tegen het water. Als er ergens een pol-der moest worden drooggelegd, werd er een dijk aangelegd, daaromheen een kanaal. Dan werden op de dijk de molens gebouwd die het water uit de droog te leggen polder in het kanaal moesten pompen. Soms voor een droogleggerij dertig of veertig molens! Niet alleen echter voor het leegmalen van polders werd de windkracht gebruikt. Er zijn ook nog fraaie graanmolens, houtzaag-molens, oliepersmolens, verfmolens enzo-voort.
Toch nog even over vriend en vijand water gesproken. Nederland heeft geleerd met het water te leven. De Hollanders hebben het water, de rivieren en zeeën gebruikt als ver-voermiddel, als medium om waren te ver-voeren. Datzelfde water hebben ze moeten bestrijden omdat het soms een vijand was, die onverbiddelijk hard kon toeslaan. Zoals op 19 november 1421, toen de Elizabeths-vloed 65 dorpen overspoelde, waarbij er tienduizend slachtoffers vielen. Of in het recent verleden, in de nacht van 1 februari 1953, toen er tweeduizend slachtoffers vie-len omdat op 68 plaatsen de dijken door-braken door een ongekend samenspel van springvloed en een storm van welhaast or-kaankracht.

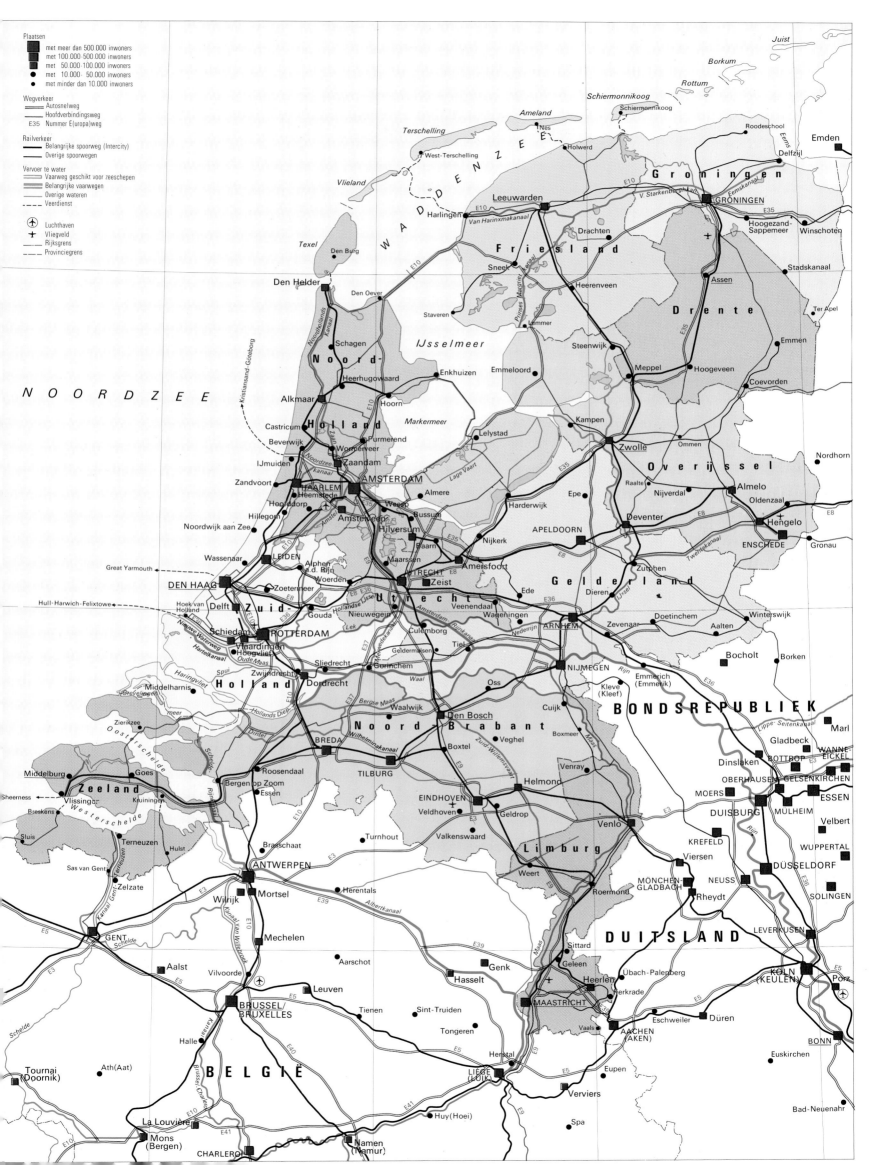

Holland

De overstromingsramp van 1953 is de aanleiding geweest voor een in de hele wereld uniek plan, het Deltaplan, dat door een ingenieus geconcipieerde aanleg van dijken en dammen, de stromen die gevaar op zouden kunnen leveren voor de toekomst afsluit. Weer is de waterwolf aan banden gelegd, zoals dat eerder met de Zuiderzee gebeurde. Want Nederland wil leven en bouwt op deze manier aan zijn toekomst.

In deze korte inleiding is veel te weinig gezegd over Holland en de Hollanders. Zo zijn niet eens de haringkarretjes genoemd en de draaiorgels en de kleding van Volendammer en Marker vissers. Het is niet erg, want dat zijn die dingen die men, gaande door Nederland vanzelf ontdekt. Dit fotoboek biedt slechts een globale rondgang door een prachtig land. De open plekken moeten nog worden ingevuld. En dat is de moeite waard. De moeite van het zelf met open ogen beleven van Nederland.

'A living people works at its future'; one can read this inscription on the monument marking the place, where in 1932 the last gap in the Afsluitdijk was closed. This dam closed off the Zuiderzee and made Holland gain yet another victory over its archenemy, the sea. In order to work at the future as a people, the Netherlands - or Holland, as it is beter known abroad - have had to fight the water from the very beginning. There are traces of dykeconstructions dating from the earliest days. A large part of Holland lies below sea-level, sometimes very low indeed, as near Rotterdam, where there is a polder 6.6 m. below sea-level, the lowest place in the Netherlands. It would be wrong, however, to think that all of the Netherlands is flat. There are hills as well. Neither is Holland all green fields. 13% of its land is still wooded. To make short shrift of some more fairytales: very few people still wear cloggs, there still are working windmills, but far fewer than one is made to believe, the bulbs aren't in flower all the time and Hansje Brinker, the boy with his thumb in the dyke to save the land from flooding, never existed. Pure fantasy. Reality though, has more beauty than fantasy. Because Holland exists, with its windmills, with its cloggs, with its bulbfields, with its treasure of memories of a rich past, with stately patrician houses on a dreamy Amsterdam canal, with a remote little farm, half hidden behind some trees, with its imposing rivers, its international ports, its dynamic, freedomloving people and its rich culture. Everyday reality is more beautiful than holiday-pamphlet fantasy.

Holland has a population of about 15 million, living on roughly 34,200 square kilometers of land, where they still find space to cycle, drive 6,000,000 cars, enjoy their leisuretime in peace and quiet on land and water, in short to live. Fifteen million Dutchmen who made a name for themselves all over the world. A good name in some cases, a bad name in others. The 'Golden Age' painters, Rembrandt and his contemporaries, were famous far over the borders, so were the slavetraders! Fifteen million, often admired and as often strongly criticised by the outside world. To quote (in present-day English) an English 17th century ambassador, Sir William Temple: 'Holland is a country where the Earth is better than the Air ans where Profit meets

with more respect than Honour, where one finds more common sense than Spirit, more good humor than sense of humor and more Riches than Pleasure, where one would rather travel than live, where there are more things to observe than to desire and more people to respect than to like'.

Since those days the Dutch have changed and with them their country. The earth is still better than the air, the earth which yields excellent foodcrops for man and beast. How else could Dutch butter and cheese have become worldfamous, not to speak of Dutch tulips and other bulbs. Talking of 'Tulips from Amsterdam', with an export of many millions of guilders, they really come from Turkey! They were imported in Holland in the 16th century. At that time people paid fantastic prices for a tulipbulb. The story goes that towards the end of the 17th century, a house in the little town of Hoorn was sold for three tulipbulbs. Again, more recently, during World War II, incredible sums of money were paid for tulipbulb, this time because of their food value.

Profit is still respected, just as in Sir William Temple's time. It would be beside the truth to state that the Dutch aren't a people of

Holland

small traders with perhaps a shade too much of the narrowmindedness often associated with that. They sailed the seas from the earliest times in history, traded with faraway countries like Japan and China and created a colonial empire in the process. Even though nothing remains of the empire itself, traces of it can still be found everywhere. In the languages of tradingpartners for instance. Take Russian, which has several words - specially nautical ones - taken straight from the Dutch language. Even in Japanese one comes across Dutch words, such as 'tarappo' from the Dutch 'trap', meaning stairs. Those glorious years are in the past, which doesn't mean that trading isn't in the Dutchman's blood any longer. What certainly isn't true though, is that the Dutch would put profit above honour, certainly where the honour of the Highest Being is concerned. Only about 32% of the population isn't affilliated to a church; 36% is Roman Catholic, 26% is protestant or Dutch Reformed. Besides these is a wide range of smaller religious groups, each with their own church. One thing the over-refined Sir William Temple can no longer accuse the Dutch of: a lack of culture. Dutch painters like Jeroen Bosch, Rembrandt, Vermeer, Potter, Van Gogh, Mondriaan, Breitner, Karel Appel, and many others are famous all over the world. Art treasures, both old and modern, are to be seen in more than 300 museums; and isn't each of the roughly 1000 windmills still in existence a museum in its own right, essential part as they are of the Dutch landscape? There used to be 10,000 of them, helping in the fight against the water. Whenever a 'polder' had to be reclaimed a dyke was built, a canal dug around it and on the dyke windmills were built to pump the water out of the lake, that polder-to-be. Sometimes as many as 30 to 40 windmills were needed for one polder. Windpower wasn't used for land-reclamation purposes only though. One can still see fine flour-mills, sawmills, oilpress-mills, paintmills, etc. One more word about the water, friend and foe of the Dutch. Holland has learnt to live with it. They have used the water, the rivers and the sea as means of transport. They have had to fight that same water because at times it was an enemy that could deal merciless blows. As on November 19, 1421, when the Elisabeth-flood drowned 65 villages an 10,000 people. Or more recently, in the night of February 1st, 1953, when 2000 people drowned because the dykes broke through in 68 places, due to a rare combination of hurricane-force gales and springtide. The 1953 floods were the cause of a unique plan, first of its kind in the whole world, the Delta-plan. This Delta-plan will, by the use of ingenious dyke-constructions, close all sea-arms that could put the land around them at risk in the future. Again the old enemy, the water, has been chained down, as happened before with the Zuiderzee. Because Holland wants to live and in this way it works at its future.

In this introduction much too little has been said about Holland and the Dutch people. We didn't even mention the herring-stalls and the street-organs, the costumes of Volendam and Marken. This doesn't matter as they are the very things you will discover for yourself as you travel around Holland. This photo-book only offers a general view of a splendid country. Empty page are there to be filled in. And that is worth the effort. The effort of experiencing Holland with eyes wide open.

'Ein Volk, das lebt, baut an seiner Zukunft'. So lautet die Inschrift auf einem Denkmal an der Stelle, an der 1932 die letzte Öffnung im 'Afsluitdijk' gedichtet wurde, dem 32 km langen Deich, der die Zuidersee von der Nordsee abdämmt und damit den Niederlanden aufs neue zu einem Sieg über das Meer, den Erbfeind von alters her, verhalf. Holland, wie das land jenseits seiner Grenzen meist genannt wird, hat von jeher gegen das Wasser kämpfen müssen, wollte es sich als Volk eine Zukunft schaffen. Bis in die graue Vorzeit hinein finden sich Überbleibsel von Deichbauten; liegt doch ein grosser Teil Hollands unter dem Meeresspiegel, manchmal sehr tief, wie ein Polder bei Rotterdam, der mit 6,6 m unter dem Amsterdamer Normalpegel der tiefstgelegene Punkt der Niederlande ist. Holland ist aber nicht nur ein einziges grosses Flachland, es hat auch hügelige Landschaften. Ebenso wenig besteht es aus Wiesen; beispielsweise hat es noch dreizehn Prozent Wald. Und um noch andere verkehrte Vorstellungen über das Land aus der Welt zu schaffen: auf Holzschuhen laufen fast nur noch die Bauern auf dem Feld; zwar drehen sich noch Windmühlen, aber nur sehr viel weniger, als oft vorgespiegelt wird, die Blumenfelder blühen nicht ewig, und Hansje Brinker, der seinen Finger in ein Loch im Deich steckte und damit das Land vor dem Untergang behütete, ist nur eine Phantasiegestalt. Die Wirklichkeit ist aber schöner als die Phantasie. Denn es gibt Holland wirklich mit seinen Mühlen, Holzschuhen, Blumenfeldern, den zahllosen Überresten seiner reichen Vergangenheit wie den stattlichen Patrizierhäusern an verträumten Grachten in der Hauptstadt Amsterdam, seinen kleinen Bauerngehöften unter Bäume geduckt irgendwo in der Provinz, seiner weiten Strömen, seinen Welthäfen, seinen Menschen, dynamisch, sich der Tradition freiheitlicher Gesinnung bewusst, für die Holland von jeher eintritt. Die Wirklichkeit des Alltags ist reicher als die Phantasie aller Werbeschriften. Die Niederlande haben fast 15 Millionen Einwohner, die auf ihren etwa 34200 Quadratkilometern doch noch Raum finden zum Radfahren, zum Autofahren mit sechs Millionen Wagen, sich in aller Ruhe zu Lande und zu Wasser zu erholen, zu leben.

Fünfzehn Millionen Holländer, von denen sich viele in der Welt einen Namen gemacht haben, sei es in rühmlichem oder auch in unrühmlichem Sinn. Die Maler des 'Goldenen' siebzehnten Jahrhunderts, Rembrandt und seine Zeitgenossen, wurden bis weit über die Landesgrenzen hinaus bekannt - ebenso aber auch die Sklavenhändler. Fünfzehn Millionen, die von Ausland oft bewundert, oft aber auch heftig kritisiert werden, um nur einen Botschafter aus dem siebzehnten Jahrhundert, Sir William Temple, zu zitieren: 'Holland ist ein Land, in dem die Erde besser ist als die Luft und Gewinn ein höheres Ansehen geniesst als Ehre, in dem mehr Verstand zu finden ist als Geist, mehr gute Laune als guter Humor und mehr Reichtum als Vergnügen, wo man lieber herumreisen möchte als leben, wo es mehr Dinge gibt, die es zu befolgen gilt als zu begehren, und mehr achtbare als liebenswerte Menschen'.

Seit jener Zeit hat sich der Niederländer verändert und mit ihm sein Land. Doch noch immer ist die Erde besser als die Luft, die Erde, die für Mensch und Tier vorzügliche Nahrung hervorbringt. Wie hätten sonst Butter und Käse aus Holland, wie hätten die holländischen Blumenzwiebeln in der ganzen Welt bekannt werden können? Über die berühmten Tulpen (übrigens nicht aus Amsterdam!) gesprochen, die alljährlich in zahllosen Millionen Exemplaren in alle Welt gehen: sie kommen eigentlich aus der Türkei. Als sie im sechzehnten Jahrhundert in Holland eingeführt wurden, zahlte man für eine Zwiebel phantastische Beträge. Es wird selbst erzählt, dass am Ende des siebzehnten Jahrhunderts in dem nordholländischen Städtchen Hoorn für drei Tulpenzwiebeln ein ganzes Haus verkauft wurde. Auch im zweiten Weltkrieg wurden unwahrscheinliche Beträge für eine Tulpenzwiebel gezahlt wegen ihres hohen Nährwertes...

Gewinn geniesst noch immer hohes Ansehen, wie schon in Sir William Temples Zeit. Es hiesse der Wahrheit Gewalt antun, wollte man leugnen, dass die Holländer ein Volk von vielleicht etwas kleinbürgerlichen Händlern sind; aber dieser Händlergeist hat denn doch dazu geführt, dass sie schon früh in der Geschichte alle Weltmeere befuhren, mit fernen Ländern wie Japan und China Handel trieben und aus diesem Handel ein Kolonialreich aufbauten, das,

Hollande

wenn es auch heute nicht mehr besteht, doch bis in die Landessprache dieser Handelspartnerländer hinein überall Spuren hinterlassen hat. So wurden holländische Worte, vor allem auf nautischem Gebiet, beispielsweise ins Russische übernommen. Sogar im Japanischen begegnet man niederländischen Ausdrücken, wie 'tarappo' für 'trap' (Treppe). Wenn auch die für Holland so glorreichen Zeiten vorbei sind, dem Holländer liegt der Handel doch noch immer im Blut.

Dass ihm aber Gewinn über Ehre gehen sollte, ist sehr sicher nicht wahr, wenn es um die Ehrerbietung gegenüber dem Göttlichen geht. Nur 32 Prozent der Niederländer ist keiner Kirche angeschlossen; 36 Prozent ist katholisch, etwa ebenso viel protestantisch. Daneben gibt es noch viele kleinere Glaubensgemeinschaften.

Eines kann der so gebildete Sir William Temple den Holländern ganz sicher nicht mehr vorwerfen: dass es ihnen an Kultur mangle. Niederländische Meister wie Jeroen Bosch, Rembrandt, Vermeer, Potter, van Gogh, Mondriaan, Breitner, Karel Appel und viele andere geniessen Berühmtheit in der ganzen Welt. Daneben gibt es mehr als dreihundert Museen, die die Kulturschätze des Landes von ihren ersten Anfängen an bis zum heutigen Tage hüten. Und sind nicht die ungefähr tausend Mühlen, die Holland noch besitzt, jede ein Museum für sich? Lässt sich doch eine niederländische Landschaft nicht mehr ohne Mühlen vorstellen. Einst gab es in Holland zehntausend Mühlen, die im Kampf mit dem Wasser eingesetzt wurden. Musste irgendwo Polderland - unter dem Meeresspiegel liegendes Gebiet trockengelegt werden, wurde ein Deich angelegt und um den Deich herum ein Kanal. Auf dem Deich wurden dann die Mühlen gebaut, um mit Windeskraft das Wasser des Polderlandes in den Kanal zu pumpen. Manchmal waren dreissig bis vierzig Mühlen nötig, um ein solches Stück Land trockenzulegen und trocken zu halten. Aber nicht nur hierzu wurde die Windkraft genutzt. Es sind auch noch schöne Getreidemühlen erhalten geblieben, Holzsägemühlen, Mühlen zum Ölpressen, und zu noch anderen Zwecken. Und wenn wir schon einmal bei Freund un Feind Wasser sind: Holland hat es gelernt mit dem Wasser zu leben. Die Holländer haben sich des Meeres, der Flüsse und Seen als Transportmedien bedient. Gegen das gleiche Wasser haben sie sich zur Wehr setzen müssen, als es als grausamer Feind zuschlug. So überspülte am 19. November 1421 die Elisabethsflut 65 Dörfer, wobei zehntausend Menschen umkamen. Und vor nicht so langer Zeit, in der Nacht des 1. Februar 1953, verursachte ein bisher in diesem Ausmass noch nicht vorgekommenes Zusammenfallen von Springflut und orkanartigem Sturm an 68 Stellen Deichdurchbrüche, die zweitausend Opfer forderten.

Die Sturmflutkatastrophe gab den Anstoss zu einem in der ganzen Welt einzigartigen Projekt, dem inzwischen weitgehend verwirklichten Rheindeltaplan, der durch ingeniös entworfene Deichanlagen die Ströme abdämmt, durch die erneut Meereseinbrüche zu befürchten wären. Wieder wurde die Gefahr einer Wassersnot gebannt, wie dies bereits mit der Abdämmung der Zuidersee geschehen war. Auch hier baut Holland an seiner Zukunft.

In diesen kurzen Abschnitten konnte nur Weniges gesagt werden über Holland und die Holländer wie über das, was es im Lande an Charakteristischem zu sehen gibt. Nicht einmal die Heringkarren wurden erwähnt und die Drehorgeln und die Trachten der Volendammer und Marker Fischer. Aber dies sind gerade die Dinge, die man, Holland durchwandernd, von selbst entdeckt. Das vorliegende Photobuch kann nur wie ein flüchtiger Rundgang durch ein herrliches Land sein; die offenen Stellen müssen noch ergänzt werden. Und das ist der Mühe wert - der Mühe, Holland mit offenen Augen selbst zu erleben.

'Un peuple qui vit construit son avenir'. Cette phrase, on peut la lire sur le monument érigé à l'endroit, où fut comblée en 1932 la dernière brèche de la digue de fermeture du Zuiderzee, événement qui marque pour la Hollande une nouvelle victoire sur la mer, l'ennemie ancestrale. Pour pouvoir construire leur avenir, les Hollandais ont dû lutter contre les eaux depuis les temps les plus reculés: on retrouve des vestiges de digues de date fort ancienne Aussi, une très grande partie du territoire néerlandais est-elle située en-dessous du niveau de la mer, parfois même à de grandes profondeurs, comme un polder de la région de Rotterdam qui se trouve à 6,6 mètres sous niveau: c'est le point le plus bas de Pays-Bas.

Il ne faut pas croire, pour autant que toute la Hollande n'est qu'une grande plaine: elle a aussi des collines. Et les prairies ne couvrent pas toute la surface, car treize pourcent sont des terrains boisés. Et pour démythifier certaines autres méprises: très peu de Hollandais vont encore en sabots; nous avons toujours des moulins à vent, mais beaucoup moins qu'on ne dit: les champs de fleurs ne fleurissent pas en permanence et Hansje Brinker, le petit garçon qui aurait sauvé le pays du désastre en tenant son doigt dans la digue, n'a jamais existé autrement qu'un imagination.

Cependant, la réalité est plus belle que l'imagination. Car la Hollande existe, avec ses moulins, ses sabots, ses champs de fleurs, ses riches vestiges d'un passé glorieux, ses imposantes demeures patriciennes qui se mirent dans les canaux de la capitale, ses fermes blotties dans les bocages d'un coin de province, ses fières rivières, ses ports mondiaux, sa population de gens dynamiques, indépendants, héritiers d'une riche culture. La réalité de tous les jours est plus belle que tous les contes bleus des dépliants touristiques.

Les Pays-Bas ont quelque quinze millions d'habitants sur un territoire de 34.200 km², où ils circulent en vélo ou en voiture (6.000.000 d'autos), se délassent sur l'eau et au sol, où ils vivent, enfin. Quinze millions de Néerlandais qui se sont fait dans le monde entier une réputation, tantôt bonne, tantôt mauvaise. Nos peintres du dix-septième siècle étaient connus dans le monde entier, nos marchands d'esclaves aussi. Quinze millions de Néerlandais,

Amsterdam, stad van grachten; Prinsengracht
Amsterdam, city of canals; Prinsengracht
Amsterdam, Stadt der grossen und kleinen Grachten; Prinsengracht
Amsterdam, Ville de caneaux; Prinsengracht

Amsterdam
Stad van groen, grachten en gevels
Town of green, canals and façades
Stadt von Grün, Kanäle und Fassaden
La ville de la verdure, des canals
et des façades

souvent admirés par les étrangers, mais aussi cruellement critiqués. Citons, à ce propos, l'opinion de Sir William Temple, ambassadeur britannique du dix-septième siècle: 'La Hollande est un pays, où le sol est meilleur que l'air, où le gain vaut plus que l'honneur, où l'on trouve plus de raison que d'esprit, plus de bonne humeur que d'humour et plus de richesse que de plaisir, où l'on préfère y voyager qu'à y vivre, où il y a plus de règlements que de sujets de convoitise et où les hommes sont plutôt respectables qu'aimables.'

Depuis lors, le Hollandais a changé et avec lui son pays. Le sol est toujours meilleur que l'air, le sol qui produit d'excellentes cultures vivrières pour l'homme et le bétail. Comment expliquer sinon la réputation mondiale du beurre et des oignons à fleurs de Hollande. A propos de nos célèbres tulipes d'Amsterdam qui atteignent un chiffre d'exportation de plusieurs millions, il faut dire qu'elles proviennent de la Turquie. Importées en Hollande au seizième siècle, leurs oignons valaient à l'époque des sommes folles. On raconte même qu'à la fin du dix-septième siècle une maison fut vendue à Hoorn, en Hollande septentrionale, pour trois oignons de tulipe. Plus récemment, pendant la seconde guerre mondiale, on donnait de fortes sommes pour un oignon de tulipe à cause de sa valeur nutritive.

Tout comme au temps de Sir William Temple, le gain est toujours en faveur. Nier que les Hollandais sont un peuple de négociants, un peu trop épiciers de mentalité, serait faire entorse à la vérité. Ils ont de longue date navigué sur toutes les mers du monde, fait du commerce avec des pays lointains, comme la Chine et le Japon, et créé ce faisant un empire colonial, dont il ne reste sans doute plus rien aujourd'hui, mais dont on retrouve partout les vestiges, jusque dans le langues des pays avec lesquels ont traitait des affaires. Le russe connaît divers termes empruntés au néerlandais, surtout dans le vocabulaire nautique. Il n'y a pas jusqu'en japonais, où l'on ne rencontre des mots néerlandais, comme 'tarappo', qui veut dire escalier (trap). Ces temps glorieux de l'histoire appartiennent au passé, mais cela n'empêche que le Hollandais a gardé le goût des affaires dans le sang.

Que le gain prévaut sur l'honneur pour le Hollandais, n'est certes pas exact en ce qui concerne le culte de l'être suprême. 32 pourcent seulement de la population n'appartient pas à l'une ou l'autre église: 36 pourcent de catholiques, 26 pourcent de protestants, et le reste fait partie d'une grande diversité de congrégations religieuses plus petites.

Il est une chose que le raffiné Sir William Temple ne peut plus reprocher aux Néerlandais: leur manque de culture. Les maîtres de l'école hollandaise: Jeroen Bosch, Rembrandt, Vermeer, Potter, Van Gogh, Mondriaan, Breitner, Karel Appel et tant d'autres, sont célèbres dans le monde entier.

Nous avons en outre plus de trois cents musées, où est conservé notre patrimoine culturel, des premiers temps jusqu'à nos jours. Et que dire des plusieurs milliers de moulins: ne sont-ils pas chacun un musée miniature? S'imagine-t-on un paysage hollandais sans moulins? Jadis ils étaient dix mille, engagés dans la lutte contre l'eau. Lorsqu'il y avait quelque part un polder à assécher, on commençait par construire une digue circulaire, entourée d'un canal. Des moulins étaient ensuite implantés sur la digue pour pomper l'eau du jeune polder et la déverser dans le canal. Les batteries d'assèchement comptaient parfois jusqu'à quarante moulins! Mais la force du vent n'était pas uniquement utilisée pour les projets d'assèchement. On trouve encore en Hollande de beaux moulins à blé, des moulins de scierie, des moulins à huile, des moulins à peinture etc. Quelques mots encore sur l'eau, notre amie et notre ennemie. Les Hollandais ont appris à vivre avec l'eau. Ils s'en sont servis de voie de transport pour acheminer leurs marchandises, sur les rivières et sur les mers. Ils ont dû aussi lutter contre l'eau qui parfois se faisait leur ennemie frappant sans merci. Le 19 novembre 1421 les eaux vives engloutirent 65 villages noyant dix mille personnes. Ce désastre est connu dans l'histoire sous le nom de 'Elisabethvloed'. Plus récemment, dans la nuit du 1er février 1953, les digues s'étant rompues à 68 endroits, par une marée d'équinoxe accompagnée d'une tempête furieuse du type ouragan, deux mille personnes furent la proie des eaux.

Les inondations de 1953 ont donné naissance à l'idée du Plan Delta, projet sans précédent dans le monde, qui comprend un ingénieux système de digues fermant les bras de mer qui présentent une menace pour l'avenir. Cette fois encore, comme dans le projet du Zuiderzee, le démon des eaux est maîtrisé. Car la Hollande veut vivre et c'est ainsi qu'elle construit son avenir.

Cette brève préface dit beaucoup trop peu de choses sur la Hollande et les Hollandais. Rien sur les marchands de hareng, rien sur les orgues de barbarie, rien non plus sur les costumes des pêcheurs de Volendam et de Marken. Mais ce n'est pas grave, car c'est un genre de choses que le touriste aime découvrir luimême en faisant le tour du pays. Cet album de photos ne donne qu'une vue d'ensemble d'un joli paysage. C'est au touriste de combler les lacunes. Notre beau pays de Hollande mérite qu'on le contemple avec des yeux attentifs.

Kunst in Amsterdam: 'Het joodse bruidje'
van Rembrandt en 'De Keukenmeid' van
Vermeer, beiden in het Rijksmuseum
Art in Amsterdam: 'The Jewish Bride' by
Rembrandt and 'The Cook' by Vermeer,
both in the State Museum
Kunst in Amsterdam: 'Die jüdische Braut'
von Rembrandt und
'Das Küchenmädchen' von Vermeer, im
Reichsmuseum
Œuvres d'art à Amsterdam: 'La fiancée
juif' par Rembrandt et 'La cuisinière' par
Vermeer, dans le Musée de l'État

◄ Het Amsterdams Historisch Museum
The Amsterdam Historical Museum
Das Amsterdamer Historisches Museum
Le Musée Historique d'Amsterdam

Het Vincent van Gogh- en het Rijksmuseum ►
The Vincent van Gogh- and the State Museum
Das Vincent van Gogh- und das Reichsmuseum
Le Musée de Vincent van Gogh et de l'Etat

. . . Amsterdam — De Jordaan . . .

Het eigen gezicht van Noord-Holland . . .
The own face of North Holland . . .
Das eigene Gesicht von Nord Holland . . .
Le visage familier de la Hollande septentrionale . . .

De Zaanse Schans

De rijkdom van het verleden, molens en huizen,
langs de Zaan bijeengebracht
The opulence of the past, mills and houses,
brought together on the banks of the Zaan
Die Reichtümer der Vergangenheit, Mühlen und Häuser,
hat man am Ufer der Zaan wieder aufgebaut
Les richesses du passé, des moulins et des maisons,
on a réunis à la rive de Zaan

Drijfjacht op de Veluwe
Drive on the Veluwe
Treibjagd in der Veluwe
Battue dans la région Veluwe

De molens van Kinderdijk en ijsvermaak
The windmills of Kinderdijk and fun on the ice
Die Mühlen von Kinderdijk; Eisvergnügen
Les plaisirs de l'hiver dans la région de Kinderdijk

De molen in Denekamp heeft meerdere raderen
The mill at Denekamp has several water-wheels
Die Wassermühle in Denekamp hat mehrere Räder
Le moulin à Denekamp a plusieurs roues

▶

Het kruirad van een standerdmolen
The wheel on the tailpole of a post mill
Das Antriebrad einer Ständermühle
La roue d'un moulin à pivot

Hoge molens vangen veel wind . . .
High mills are catching very much wind . . .
Hochstehenden Mühlen erhaschen viel Wind . . .
Des moulins hautes prennent beaucoup de vent . . .

Edam, het oude gezicht van Noord-Holland
Edam, the old face of North Holland
Edam, das alte Gesicht von Nord Holland
Edam, la visage ancienne de la Hollande septentrionale

Typische houten gevel in West-Friesland
Typical wooden façade in West-Friesland
Typische westfriesische hölzerne Fassade
Façade de bois dans la région West-Friesland

Enkhuizen
Oude stad van kooplieden, zeevaarders en vissers
Old town of merchants, sailors and fishermen
Alte Stadt von Kaufleute, Seefahrer und Fischer
Vieille ville de négociants, de marins et de pêcheurs

Het Westfries Museum in Hoorn
The West Frisian Museum at Hoorn
Das Westfriesische Museum in Hoorn
Le Musée de la Frise occidentale à Hoorn

De buitenplaats Rupelmonde aan
de Vecht
The countryseat Rupelmonde at
the river Vecht
Das Landhaus Rupelmonde am
Vecht
La maison de campagne
Rupelmonde au bord de la Vecht

De Friese meren,
witte wolken en witte zeilen
The Frisian lakes,
white clouds and white sails
Die friesische Seen,
weisse Wolken und weisse Segel
Les lacs frisiens,
des nuages blancs et des voiles blanches

Baken in de nacht. De 'Brandaris' op Terschelling
Beacon in the night. The 'Brandaris' on the island Terschelling
Bake in der Nacht. Der 'Brandaris' auf Terschelling
Phare la nuit. Le 'Brandaris' à Terschelling

De molen van Formerum op Terschelling
The mill of Formerum on the island Terschelling
Die Mühle von Formerum auf der Insel Terschelling
Le moulin de Formerum à Terschelling ▶

Stuifsneeuw en winterse kou over het Friese land
Blowing snow and wintry cold in the Frisian land
Staubschnee und Winterkälte in Friesland
Bourrasque de neige et froid d'hiver à la Frise ▶

'Skûtsjesilen', een onverwoestbaar stuk Friese cultuur
Boat-sailing, an indestructible piece of Frisian cultural life
Eine unzerstörbare kulturelle Sache in Friesland: Wettsegeln
Naviguer, une affaire culturelle d'importance à la Frise

De fiere Friese vlag
The proud frisain colours
Die stolze friesische Fahne
Le drapeau fier de la Frise

◄ Friesland, land van de watersport
Friesland, land of aquatic sports
Friesland, Wassersportland
La Frise, le pays des sports nautique

Haven van Hindeloopen
The Hindeloopen harbour
Der Hafen von Hindeloopen
Le port de Hindeloopen

Statige boerderij op het Groningse land
Majestatic farm-house in the Groningen country
Stattliche Bauernhof im Groninger Land
Ferme majestueuse à la campagne de Groningue

42

De kerk beheerst het dorpsbeeld van Rolde
The church dominating the village Rolde
Die Kirche, die in Rolde das Dorfsbild beherrscht
L'église de Rolde, dominant le village

Nergens wordt méér gefietst
dan in Drenthe
Cycling in Drenthe
Radfahren in Drenthe
Fair du vélo en Drenthe

Landelijke rust in het Drentse Rolde
Rusticity at Rolde (Drenthe)
Ländliche Ruhe in Rolde (Drenthe)
Repos rustique en Rolde (Drenthe)

Hunebedden. Monumenten van het Stenen Tijdperk
Gallery-graves. Monuments of the Stone Age
Hünengräber. Monumente der Steinzeit
Tombeaux mégalithiques. Monuments de l'âge de pierre

Sportvissers op de nieuwe randmeren
Anglers on the new border lakes
Fischer auf den neuen Randseen
Des pêcheurs sur les lacs nouveaux

Vroeger Zuiderzee, nu IJsselmeer
In former days the Zuyderzee, now the IJsselmeer
Früher Zuidersee, jetzt IJsselsee
Ancien le Zuyderzee, maintenant le lac d'Yssel

Onderdak voor mens en vee . . . aan de boerderijen kent men de provincie
Home for men and cattle . . . there are various types of farms, characteristic for the different provinces
Unterkunft für Mensch und Vieh . . . die Provinzen lassen sich erkennen an der verschiedenartigkeit des Bautypus
ihrer Bauernhöfe
L'abri pour bêtes et gens . . . chaque province a son type de ferme caractérisant le paysage

De Beemster
Statige boerderij op vruchtbare grond
Majestic farm-house on fruitful soil
Stattliche Bauernhof auf fruchtbaren Boden
Une ferme majestueuse sur terre fertile

Vis speelt een grote rol in Spakenburg.
Met deze scheepjes haalt men
netten vol boven water
Fish plays a prominent part in Spakenburg.
With these small ships
the fishermen make a nice haul
Fisch spielt in Spakenburg eine vornehme
Rolle.
Mit diesen Kähne wird noch
manches über Wasser gebracht
Des poissons sont important pour
Spakenburg.
Avec ces petits bateaux on fait
fameux de filet

Wachten op de dooi
Waiting for the thaw
Warten auf Tauwetter
Attendre sur le dégel

Spakenburgse vrouwen in hun kleurige dracht
Women of Spakenburg in their colourful costumes
Spakenburger Frauen in ihren farbigen Kostüme
Des femmes de Spakenburg et leurs costumes colorés

Kampen, eens een drukke Hanzestad
Kampen, once a busy Hanze-town
Kampen, einst eine rege Hanzestadt
Kampen, ancien une ville hanséatique très active

Rhenen met de beroemde Cuneratoren
Rhenen with the famous Cunera-tower
Rhenen mit den berühmten Cunera-Turm
Rhenen avec la tour très fameuse 'Cunera'

55

Amersfoort, centrumstad van Nederland, schakel tussen oost en west
Amersfoort, in the heart of Holland, link between east en west
Amersfoort im Herzen der Niederlande, Verbindung zwischen Ost und West
Amersfoort, nœud de communications entre l'est et l'ouest

De Lek tussen kribben en uiterwaarden
The river Lek between breakwaters and river forelands
Der Lekfluss, zwischen Langskrippen und Vorländer
Le 'Lek', entre des levées et des laisses ►

Schepen diep geladen . . .
Ships drawing many feet of water . . .
Schiffe voller Ladung . . .
Des vaisseaux chargés au bord . . .

Cuyk
Behouden vaart over de rivier
Cruising speed across the river
Glückliche Farht über den Fluss
Le bac a bon port

De Waalbrug bij Nijmegen
The Waalbridge near Nijmegen
Die Waalbrücke bei Nijmegen
Le pont de Nimègue

De molen van Beesd in de Betuwe
The mill at Beesd (Betuwe)
Die Windmühle in Beesd (Betuwe)
Le moulin de Beesd (Betuwe)

Boerderijen met keurige erven . . .
Clean farmyards . . .
Saubere Bauernhöfe . . .
Des enclos propres . . .

. . . met schone melkbussen . . .
. . . with clean milk-cans . . .
. . . mit sauberen Milchkannen . . .
. . . et des bidons propres . . .

Langs de Vlist
Along the river Vlist
Dem Vlist entlang
Au bord de la Vlist ▶

Betuws fruit in wording
Betuwe fruits in nascent
Obst wächst in den Betuwe
Les fruits mûrissent dans la Betuwe

De korenmolen van Gronsveld. Anno 1623
The corn-flower-mill in Gronsveld. A.D. 1623
Die Kornmühle in Gronsveld. Anno 1623
Le moulin à blé à Gronsveld. En l'an 1623

Op een gildefeest in Tilburg
A guild-festival at Tilburg
Eine Zunftfeier in Tilburg
Une fête de la corps de métiers à Tilburg

Vakwerkhuizen in Mheer, Limburg
Half-timbred houses in Mheer, Limburg
Fachwerkhäuser in Mheer, Limburg
Maisons en colombage à Mheer, Limburg

Thorn, het witte stadje in Limburg
Thorn, the white town in Limburg
Thorn, die weisse Stadt in Limburg
Thorn, la ville blanche
limbourgeoise

Voorjaar in de Betuwe: het stadje Buren
The Betuwe in spring: the small town Buren
Die Betuwe im Frühling: das Städchen Buren
La Betuwe au printemps: la ville de Buren

Het fluitekruid bloeit langs de Lingedijk
Flowering wild chervil along the Linge
Kerbel blüht an den Lingefluss
Fleurs en bordure de la rivière Linge

De kathedraal van St. Jan in
's-Hertogenbosch
St. John's Cathedral in Bois-le-Duc
Die Johanniskathedrale in
Herzogenbusch
L'église Saint-Jean à Bois-le-Duc

Westkapelle, Walcheren
Karakteristieke gezichten onder karakteristieke kappen
Typical faces under typical casques
Typische Gesichter unter typischen Hauben
Des visages caractéristiques et des coiffures caracteristiques

De Oosterscheldedam
The retaining wall in the
Oosterschelde
Das Wasserwehr in der
Oosterschelde
La dique de l'Oosterschelde

Oude glorie rond de speelse raadhuistoren van Veere
Old glory around the tower of the town-hall in Veere
Alter Glanz um den spielerischen Turm des Rathauses in Veere
Ancien gloire autour de l'hôtel de ville de Veere ▶

Voornaamheid en rust in de wijdse kerkruimte
Distinction and rest in the nave of the church
Vornehmheit und stille im Kirchraum
Distinction et silence dans le temple

Op de Zeeuwse wateren kunnen veel schepen varen
There are many ships on the Zeeland waters
Es gibt vielen Schiffe auf den Wassern in Zeeland
Un grand nombre de bateaux sur les fleuves de la Zélande

Rotterdam, wereldhaven
Rotterdam, world harbour
Rotterdam, Welthafen
Rotterdam, port mondial

Ouddorp

Het Scheveningse Kurhaus. Centrum van verfijnd vermaak
The Scheveningen 'Kurhaus'. Centre of rifined amusement
Das Kurhaus in Scheveningen. Zentrum von verfeinertem Vergnügen
Le casino de Scheveningue. Centre d'amusement raffiné

Het station van Tilburg
The Railway station at Tilburg
Der Bahnhof von Tilburg
La gare de Tilburg

Winter in Oisterwijk
Oisterwijk in winter
Oisterwijk im Winter
Oisterwijk en hiver

Het centrum van Oudewater
The town-centre of Oudewater
Die Stadtmitte von Oudewater
La centre de la ville d'Oudewater ▶

Leiden met de sleutels in het stadswapen
Leiden with the keys in the coat of arms
Leiden mit den Schlüsseln im Wappen
Leyde et son blason aux clefs croisées

Het kleurenfeest van elk voorjaar: de bollenvelden
The colour feast of each spring: the bulb fields
Die Farbfreude in jeder Frühling: die Blumenzwiebelfelder
La richesse de coloris au chaque printemps: les champs de fleurs

De wereldberoemde Hollandse tulpen
The world-famous Dutch tulips
Die weltberühmten holländischen Tulpen
Les tulipes hollandaises sont d'une réputation mondiale

Paleis Het Loo te Apeldoorn
Palace Het Loo in Apeldoorn
Schloss Het Loo in Apeldoorn
Le palais Het Loo en Apeldoorn